BACKEN für den HUND

Tierisch-leckere Rezeptideen für Vierbeiner

Ingeborg Pils

Parragon

Bath • New York • Singapore • Hong Kong • Cologne • Delhi
Melbourne • Amsterdam • Johannesburg • Auckland • Shenzhen

Alle in diesem Buch vorgestellten Rezepte wurden unter tierärztlichem Rat sorgfältig zusammengestellt und an verschiedenen Hunden erprobt. Dennoch ist nicht vollständig auszuschließen, dass es in Einzelfällen zu individuellen Unverträglichkeiten kommen kann.
Der Verlag und die Autorin können dafür keine Haftung übernehmen.

Nicht alles, was dem Menschen schmeckt, ist auch für den Hund bekömmlich. Schädlich sind unbestritten Alkohol, Kakao und Schokolade mit hohem Kakaoanteil, rohes Schweinefleisch sowie scharf gewürzte Gerichte.
Einige Studien und Internetseiten stufen inzwischen weitere Lebensmittel als unverträglich für den Hund ein. Andere Quellen, zu denen auch die von uns befragten Tierärzte gehören, widersprechen dem.
Falls Sie sich über die Verträglichkeit einer Zutat unsicher sind, konsultieren Sie bitte Ihren Tierarzt.

Queen Street House
4 Queen Street
Bath BA1 1 HE, UK
www.parragon.com

Producing: ditter.projektagentur GmbH
Projektkoordination: Michael Ditter
Foodfotografie: Jo Kirchherr
Foodstyling: Rafael Pranschke
Illustrationen: Kyra Stempell
Design: Sabine Vonderstein
Lithografie: Klaussner Medien Service GmbH

ISBN: 978-1-4454-8382-5

Printed in China

Inhalt

Vorwort

Backen ist Liebe – dieser Reklamespruch aus dem letzten Jahrhundert mag vielen Lesern etwas übertrieben erscheinen, wenn es um das Wohlbefinden unserer vierbeinigen Freunde geht. Dennoch hat Backen immer auch etwas mit Wärme, Nähe und Zuneigung zu tun.
Wenn aus meiner Küche der Duft von Paulinchens Käsetraum oder Lindas Leberwursttalern durchs Haus zieht, wird meine vierbeinige Hausgenossin Janna munter und verlässt ihren Beobachtungsposten vor der Küche erst dann, wenn sie einige noch lauwarme Kostproben der neuen Kekskreationen versuchen durfte. Und ich bin mir sicher, sie weiß es zu schätzen, dass ich ihr ab und zu eine besondere Leckerei backe. So fühlen wir uns beide wohl.

Natürlich kann man das Backen von Hundekuchen auch ganz pragmatisch sehen: Die Kekse sind in der Regel preiswerter als gekauftes Naschwerk, sie enthalten weder Konservierungsstoffe noch Geschmacksverstärker. Für Kinder ist das Keksbacken ein vergnüglicher Zeitvertreib, und Erwachsene können beim Teigkneten und -formen ein wenig der Alltagsroutine entfliehen.

Wie für alle Zusatzleckereien gilt auch bei Keksen und Kuchen: Zu viel des Guten ist ungesund. Mögen sie auch noch so gesunde Zutaten enthalten, sie können und sollen das normale Futter nur ergänzen, nicht ersetzen. Wenn Sie es gut mit Ihrem Vierbeiner meinen, dann füttern Sie die Kekse nur in wohldosierter Menge – und ignorieren das flehentliche Betteln in den Augen Ihres Hundes.

Einiges ist in Hundekeksen tabu: chemische Zusatzstoffe, scharfe Gewürze, weißer Zucker, Schokolade und Kakao gehören weder in den Hundenapf noch ins Backwerk. Ansonsten sind Ihrer Kreativität beim Backen kaum Grenzen gesetzt. Da unsere selbst gebackenen Kekse keine Konservierungsstoffe enthalten, sind sie nicht unbegrenzt haltbar. Viele Kekse lassen wir im Backofen nachtrocknen, damit sie hart werden. So haben die Hunde mehr Kauvergnügen und reinigen obendrein beim Beißen ihre Zähne. Für ältere Hunde nimmt man die Kekse nach dem Backen gleich aus dem Ofen und lässt sie auf einem Kuchengitter auskühlen.

Einige Leckereien aus dem Backofen sind zum baldigen Verfüttern bestimmt. Wenn wir diese Rezepte backen, verteilen wir das Naschwerk großzügig an alle Hunde, die wir mögen – auch wenn meine Hündin Janna mit dieser Regelung nicht ganz einverstanden ist.

Backen für den Hund erfreut Mensch und Tier und gelingt auch Anfängern mühelos. Wir hatten viel Spaß in unserer Backstube und möchten uns an dieser Stelle bei allen Hunden bedanken, die durch schmatzende Zustimmung oder schlichte Futterverweigerung mit zur Qualität des Hundegebäcks in diesem Buch beigetragen haben. Ein ganz besonderes Dankeschön gilt meiner Schwester Monika und meiner Nichte Julia. Sie haben nicht nur alle Kekse in vielerlei Variationen gebacken, sondern ihre Kreationen auch im Hunde-Freundeskreis unermüdlich getestet und verfeinert.

Ingeborg Pils

LECKERLI FÜR KLEINE LIEBLINGE

Lindas Leberwursttaler

ca. 40 Stück

100 g grobe Haferflocken
100 g feine Haferflocken
150 g Hüttenkäse
100 g Leberwurst
6 EL Maiskeimöl
1 Ei

Alle Zutaten zu einem nicht zu festen Teig verrühren, eventuell noch etwas Wasser oder Mehl zufügen.

Ein Backblech mit Backpapier auslegen. Aus dem Teig kleine Kugeln formen, auf das Blech setzen und flach drücken. In den kalten Backofen stellen und bei 180 °C (Umluft) 30 Minuten backen.

Die Leberwursttaler auf einem Kuchengitter erkalten lassen. In einer Keksdose aufbewahren. Die Leberwursttaler halten sich – falls Ihr Hund das gestattet – bis zu drei Wochen.

Feine Fisch-Herzen mit Kräutern

ca. 35 Stück

100 g gekochter Fisch ohne Gräten
3 EL fein gehackte frische Kräuter
2 EL natives Olivenöl extra
1 Ei
200 g Dinkelmehl
100 g gemahlene Haselnüsse

Den Fisch mit den Kräutern im Mixer pürieren. Das Püree in eine Schüssel geben, Olivenöl und Ei unterrühren. Mehl und Nüsse zufügen und alles zu einem glatten Teig verarbeiten. Den Teig zu einer Kugel formen, in Frischhaltefolie wickeln und 30 Minuten ruhen lassen.

Den Backofen auf 180 °C vorheizen. Ein Backblech mit Backpapier auslegen.

Den Teig auf einer bemehlten Arbeitsfläche ca. 8 mm dick ausrollen. Mit Backförmchen kleine Herzen ausstechen. Auf das Blech legen und im Backofen 30 Minuten backen.

Die Fisch-Herzen auf einem Kuchengitter erkalten lassen. In einer Keksdose aufbewahren. Haltbarkeit: ca. 2 Wochen

Dixies Käseknusperli

ca. 30 Stück

100 g gehackte Mandeln
100 g grob gehackte Haselnüsse
150 g geriebener Bergkäse oder Emmentaler
4 Eier
550 g Buchweizenmehl
1 EL Honig
Wasser und Mehl, nach Bedarf

Mandeln und Haselnüsse in einer beschichteten Pfanne ohne Fett hellbraun rösten. Vom Herd nehmen und auskühlen lassen.

Die Nüsse mit den restlichen Zutaten zu einem geschmeidigen Teig verkneten. Eventuell noch etwas Wasser oder Mehl zufügen, je nachdem ob der Teig zu trocken oder zu feucht ist.

Den Backofen auf 160 °C vorheizen. Ein Backblech mit Backpapier auslegen.

Den Teig auf einer bemehlten Arbeitsfläche ca. 1 cm dick ausrollen. Mit dem Teigrad in ca. 2 cm x 5 cm große Rechtecke schneiden.

Die Kekse auf das Blech setzen. 1 Stunde backen. Den Backofen ausschalten und die Kekse noch 1 Stunde im Ofen nachtrocknen lassen.
In einer Papiertüte oder einem Leinensäckchen aufbewahren.
Haltbarkeit: ca. 4 Wochen

Buttermilch-Snackies

ca. 35 Stück

250 g Geflügelleber
1 EL Sonnenblumenöl
100 ml Buttermilch
250 g Dinkelvollkornmehl

Die Leber sehr fein zerkleinern (mit dem Fleischwolf), dann mit Sonnenblumenöl und Buttermilch verrühren. Das Dinkelmehl zufügen und alles zu einem geschmeidigen Teig verkneten. Den Teig abgedeckt 30 Minuten im Kühlschrank ruhen lassen.

Ein Backblech mit Backpapier auslegen.

Den Teig auf einer bemehlten Arbeitsfläche ca. 1 cm dick ausrollen. Mit beliebigen Backförmchen Figuren ausstechen. Die Kekse auf das Blech legen.

Die Snackies bei 180 °C (Umluft) 30 Minuten backen. Den Backofen ausschalten und die Kekse noch 1 Stunde im Ofen nachtrocknen lassen. In einer Keksdose aufbewahren. Haltbarkeit: ca. 2 Wochen

Paulinchens Käsetraum

ca. 40 Stück

125 g Hüttenkäse
75 g geriebener Parmesan
300 g Mehl
2 EL Weizenkeimöl
100 g fein gehackte Haselnüsse

Den Backofen auf 200 °C vorheizen. Ein Backblech mit Backpapier auslegen.

Alle Zutaten in eine Schüssel geben und mit dem Knethaken des Handrührgeräts gut vermengen. Aus der Teigmasse mit 2 Teelöffeln kleine Portionen formen und auf das Blech setzen.

Die Kekse 30 Minuten backen. Den Backofen ausschalten und die Kekse noch 2 Stunden im Ofen nachtrocknen lassen. In einer Papiertüte oder einem Leinensäckchen aufbewahren. Haltbarkeit: ca. 4 Wochen

BILLY

Knackige Kürbis-Monde

ca. 35 Stück

3 gekochte Kartoffeln
150 g gekochtes Kürbisfruchtfleisch
100 g Kalbsbrät
100 g Weizenvollkornmehl
3 EL Kürbiskernöl
1 Ei
50 g Kürbiskerne

Die Kartoffeln schälen und durch eine Kartoffelpresse drücken. Das Kürbisfruchtfleisch pürieren und mit Kartoffelmasse und Kalbsbrät vermengen.
Mehl, Öl und Ei zufügen und alles zu einem glatten Teig verkneten. Abgedeckt 30 Minuten ruhen lassen.

Den Backofen auf 180 °C vorheizen. Ein Backblech mit Backpapier auslegen.

Den Teig auf einer bemehlten Arbeitsfläche ca. 1 cm dick ausrollen und mit Backförmchen Monde ausstechen. Die Kekse auf das Blech legen und mit den Kürbiskernen verzieren.

Die Kürbis-Monde 25 Minuten backen. Den Backofen ausschalten und die Kekse noch 2 Stunden im Ofen nachtrocknen lassen.

Dass mir mein Hund
das Liebste sei, sagst du,
oh Mensch, sei Sünde,
mein Hund ist mir im
Sturme treu, der Mensch nicht
mal im Winde.

Franz von Assisi

GESUNDE HAPPEN

Bonnies Bananenbiskuits

ca. 30 Stück

2 Karotten
1 Banane
200 g Mehl
100 g feine Haferflocken
50 ml Sonnenblumenöl
Wasser, nach Bedarf

Die Karotten fein reiben, die Banane mit einer Gabel zerdrücken. Mit Mehl, Haferflocken und Öl zu einem Teig verarbeiten. Eventuell noch etwas Wasser zugeben.

Den Backofen auf 180 °C vorheizen. Ein Backblech mit Backpapier auslegen.

Den Teig auf einer bemehlten Arbeitsfläche ca. 1 cm dick ausrollen und 4 cm große Quadrate ausschneiden. Auf das Blech setzen und 25 Minuten backen. Dann im abgeschalteten Backofen über Nacht trocknen lassen. In einer Papiertüte oder einem Leinensäckchen aufbewahren. Haltbarkeit: ca. 3 Wochen

Sammys Sardellentaschen

ca. 20 Stück

150 g Quark
3 EL Milch
2 EL Fischöl
4 EL Distelöl
300 g Weizenvollkornmehl
15 Sardellenfilets
100 g Hüttenkäse
1 Eiweiß

Den Quark mit Milch, Fischöl und Distelöl verrühren. Nach und nach die Hälfte des Mehls in die Quarkmasse rühren, dann das restliche Mehl unterkneten. Den Teig abgedeckt 30 Minuten ruhen lassen.

Den Backofen auf 200 °C vorheizen. Ein Backblech mit Backpapier auslegen.

Den Teig auf einer bemehlten Arbeitsfläche ausrollen und mit einem Backförmchen 30 Teigkreise ausstechen. Die Sardellenfilets unter kaltem Wasser abspülen und auf die Hälfte der Teigkreise legen, den Hüttenkäse darauf verteilen. Die Teigränder mit Eiweiß bepinseln. Mit den restlichen Teigkreisen belegen und die Ränder fest andrücken. Teigtaschen auf das Blech setzen.

Die Sardellentaschen 25 Minuten backen. Den Backofen ausschalten und die Kekse im Ofen nachtrocknen lassen. In einer Keksdose aufbewahren.
Haltbarkeit: ca. 5 Tage

Apfel-Karotte-Nockerln

ca. 40 Stück

1 Apfel
1 Karotte
150 g Dinkelmehl
150 g grobe Haferflocken
2 Eier
3 EL Zuckerrübensirup
Wasser und Mehl, nach Bedarf

Apfel und Karotte fein reiben und mit den übrigen Zutaten zu einem gut formbaren Teig verkneten. Eventuell noch etwas Wasser oder Mehl hinzufügen.

Den Backofen auf 180 °C vorheizen. Ein Backblech mit Backpapier auslegen.

Mit 2 Teelöffeln kleine Nockerln von der Masse abstechen und auf das Blech setzen. 30 Minuten backen. Dann den Backofen ausschalten und die Nockerln nachtrocknen lassen. In einer Papiertüte oder einem Leinensäckchen aufbewahren. Haltbarkeit: ca. 3 Wochen

Tofu-Streifen à la Tiffany

ca. 35 Stück

200 g Tofu
3 Karotten
3 EL Leinöl
2 Eier
250 g Weizenvollkornmehl
1 EL Rosmarinblättchen

Den Tofu zerbröckeln und die Karotten reiben. Mit dem Leinöl im Mixer pürieren. Das Püree mit Eiern und Mehl verkneten. Die Rosmarinblättchen hacken und unter den Teig kneten.

Den Backofen auf 180 °C vorheizen. Ein Backblech mit Backpapier auslegen.

Den Teig auf einer bemehlten Arbeitsfläche ca. 5 mm dick ausrollen und mit einem Teigrad ca. 2 cm x 7 cm große Streifen schneiden. Auf das Blech setzen und 30 Minuten backen. Nach der Hälfte der Backzeit die Kekse wenden.

Die Tofu-Streifen auf einem Kuchengitter erkalten lassen.
In einer Keksdose aufbewahren. Haltbarkeit: ca. 2 Wochen

Ronjas Reis-Kräcker

ca. 35 Stück

3 kleine Zucchini
300 g gekochter Rundkornreis
200 g Quark
1 Ei
200 g Weizenvollkornmehl

Die Zucchini fein reiben und mit Reis, Quark und Ei vermengen.
Nach und nach das Mehl einarbeiten.

Den Backofen auf 200 °C vorheizen. Ein Backblech mit Backpapier auslegen.

Den Teig auf einer bemehlten Arbeitsfläche ca. 2 cm dick ausrollen und in 4 cm große Quadrate schneiden. Auf das Blech setzen und 40 Minuten backen. Dann den Backofen ausschalten und die Kräcker über Nacht im Ofen trocknen lassen.
In einer Papiertüte oder einem Leinensäckchen aufbewahren.
Haltbarkeit: ca. 2 Wochen

Jannas Spinatpralinen

ca. 40 Stück

125 g tiefgekühlter Blattspinat
2 EL geriebener Parmesan
1 TL granulierter Knoblauch
100 g Weizenmehl
100 g feine Haferflocken
Wasser und Mehl, nach Bedarf

Den Spinat in wenig Wasser kochen, dann abgießen, gut abtropfen lassen und im Mixer pürieren. Das Spinatpüree mit den restlichen Zutaten zu einem gut formbaren Teig verarbeiten. Eventuell noch etwas Wasser oder Mehl zufügen.

Den Backofen auf 180 °C vorheizen. Ein Backblech mit Backpapier auslegen.

Mit einem Löffel kleine Teigportionen auf das Backpapier setzen.
Im Ofen ca. 30 Minuten backen.

Die Spinatpralinen auf einem Kuchengitter erkalten lassen und in einer Keksdose aufbewahren. Haltbarkeit: ca. 2 Wochen

HERZHAFTE KNABBEREIEN

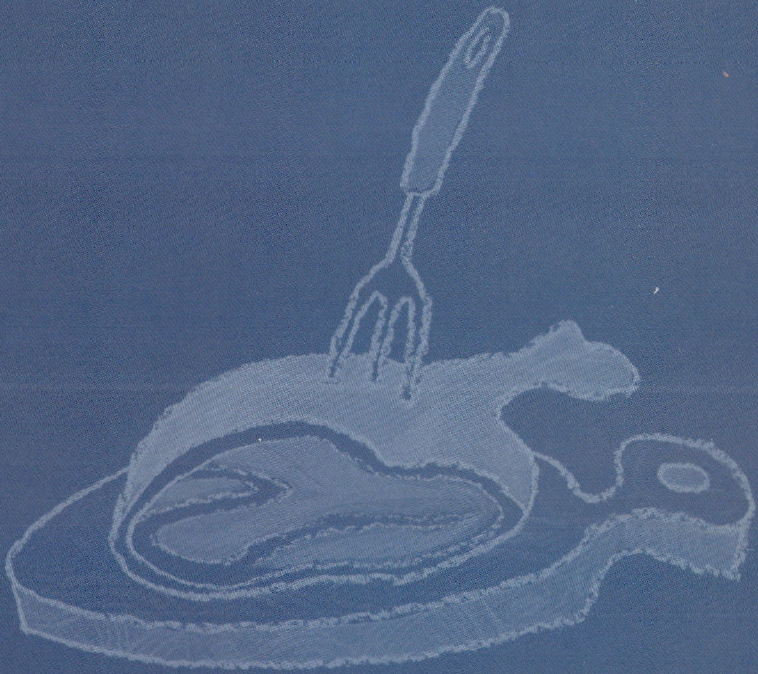

Pippos Pansenkekse

ca. 40 Stück

200 g Maisgrieß
100 g Maismehl
50 g getrockneter Pansen, gerieben
1 Ei

Den Maisgrieß mit 200 ml heißem Wasser übergießen, umrühren und auskühlen lassen. Dann die restlichen Zutaten unterkneten.

Den Backofen auf 180 °C vorheizen. Ein Backblech mit Backpapier auslegen.

Den Teig auf einer bemehlten Arbeitsfläche ca. 1 cm dick ausrollen und in Dreiecke schneiden. Auf das Backblech setzen und 25 Minuten backen. Den Backofen ausschalten und die Kekse einige Stunden im Ofen nachtrocknen lassen. In einem Glas mit Schraubverschluss oder in einer Keksdose aufbewahren.
Haltbarkeit: ca. 4 Wochen

Goodies

Sesam-Knusperhappen

ca. 30 Stück

250 g Dinkelvollkornmehl
100 g geriebener Emmentaler
80 g Magerquark
2 Eier
30 g Sesamsaat

Alle Zutaten bis auf die Sesamsamen zu einem gut formbaren Teig verkneten. Aus dem Teig kleine, etwa daumengroße Röllchen formen und mit einer Seite in die Sesamsaat drücken.

Den Backofen auf 180 °C vorheizen. Ein Backblech mit Backpapier auslegen.

Die Kekse auf das Backblech setzen und 30 Minuten backen. Den Backofen ausschalten und die Kekse über Nacht im Ofen nachtrocknen lassen. In einer Papiertüte oder einem Leinensäckchen aufbewahren.
Haltbarkeit: ca. 3 Wochen

Belohnungsbiskuits

ca. 35 Stück

100 g Weizenvollkornmehl
100 g grobe Haferflocken
2 EL Haferkleie
2 Eier
75 g geriebener Parmesan
75 g fein gewürfelter Schinken
100 ml Wasser

Alle Zutaten mit dem Wasser zu einem geschmeidigen Teig verkneten. Den Teig abgedeckt ca. 30 Minuten ruhen lassen.

Den Backofen auf 180 °C vorheizen. Ein Backblech mit Backpapier auslegen.

Den Teig auf einer bemehlten Arbeitsfläche ca. 1 cm dick ausrollen und in 3 cm x 5 cm große Rechtecke schneiden. Auf das Blech setzen und 25 Minuten backen. Den Backofen ausschalten und die Biskuits noch 2 Stunden im Ofen hart werden lassen. In einer Papiertüte oder einem Leinensäckchen aufbewahren. Haltbarkeit: ca. 4 Wochen

**Solange Menschen denken,
dass Tiere nicht fühlen,
müssen Tiere fühlen,
dass Menschen nicht denken.**

Arthur Schopenhauer

Samanthas Scones

ca. 12 Stück

150 g Mehl
100 g Dinkelvollkornmehl
3 TL Backpulver
2 TL granulierter Knoblauch
1 EL Algenpulver
1 EL Bierhefeflocken
150 ml Milch
50 g Butter
1 Ei

Alle Zutaten zu einem glatten Teig verarbeiten. 10 Minuten ruhen lassen. Den Backofen auf 200 °C vorheizen. Ein Backblech mit Backpapier auslegen.

Den Teig auf einer bemehlten Arbeitsfläche ca. 2 cm dick ausrollen und mit einem Glas runde Plätzchen (5 cm ø) ausstechen. Auf das Blech setzen und 10 Minuten backen.

Die Scones auf einem Kuchengitter erkalten lassen.

Bobbys Brownies

ca. 30 Stück

200 g Weizenvollkornmehl
200 g Dinkelmehl
100 g gehackte Walnusskerne
2 Eier
2 EL Sonnenblumenöl
2 EL Rübenkraut
½ Päckchen Trockenhefe
Wasser und Mehl, nach Bedarf

Alle Zutaten in der Küchenmaschine zu einem festen Teig verkneten. Eventuell noch etwas Wasser oder Mehl zufügen. Teig zu einer Kugel formen und zugedeckt an einem warmen Ort 1 Stunde aufgehen lassen.

Den Backofen auf 160 °C vorheizen. Eine flache rechteckige Backform mit Backpapier auskleiden.

Den Teig ca. 4 cm dick in die Form streichen. 35 Minuten backen, danach 1 Stunde in der Form auskühlen lassen.

Den Kuchen mit dem Backpapier auf ein Brett stürzen. Das Papier entfernen und den Kuchen in schnauzengerechte Stücke schneiden. In einer Papiertüte oder einem Leinensäckchen aufbewahren. Haltbarkeit: ca. 4 Wochen

Bircher-Müsli-Brötchen

ca. 30 Stück

1 Apfel
1 Birne
100 g Mehl
100 g grobe Haferflocken
75 g gehackte Haselnüsse
1 EL Honig
100 g süße Sahne
50 g Leinsaat

Apfel und Birne grob raspeln. Mit den übrigen Zutaten, außer der Leinsaat, vermengen. Mit einem Esslöffel vom Teig kleine Portionen abnehmen und zu kleinen Brötchen formen.

Den Backofen auf 180 °C vorheizen. Ein Backblech mit Backpapier auslegen.

Die Brötchen in Leinsaat wälzen, auf das Blech legen und flach drücken. 30 Minuten backen, den Backofen ausschalten und die Brötchen im Ofen auskühlen lassen. In einer Papiertüte oder einem Leinensäckchen aufbewahren. Haltbarkeit: ca. 3 Wochen

KAUVERGNÜGEN FÜR GROSSE FREUNDE

Rüpels Hackfleischprinten

ca. 20 Stück

300 g Weizenvollkornmehl
2 TL granulierter Knoblauch
2 EL gemischte getrocknete Kräuter
2 EL Distelöl
200 g Rinderhackfleisch
1 Ei
75 g geschälte Sonnenblumenkerne
150 ml Wasser

Den Backofen auf 200 °C vorheizen. Ein Backblech mit Backpapier auslegen.

Alle Zutaten bis auf die Sonnenblumenkerne mit 150 ml Wasser zu einem Teig verarbeiten. Den Teig auf einer bemehlten Arbeitsfläche ca. 2 cm dick ausrollen und in 3 cm x 6 cm große Rechtecke schneiden. Mit einer Seite in die Sonnenblumenkerne drücken, mit der anderen Seite auf das Backblech setzen.

Die Printen 40 Minuten backen. Den Backofen ausschalten und die Printen über Nacht im Ofen hart werden lassen. In einer Keksdose aufbewahren.
Haltbarkeit: ca. 2 Wochen

Willys Weizenkipferln

ca. 35 Stück

100 g Mehl
150 g Weizenvollkornmehl
100 g Weizenkleie
3 EL Sonnenblumenöl
¼ l ungesalzene Gemüsebrühe
75 g Weizenschrot

Beide Mehlsorten, Kleie und Öl vermischen, die Brühe angießen und alles zu einem geschmeidigen Teig verarbeiten. Den Teig abgedeckt 20 Minuten ruhen lassen.

Den Backofen auf 200 °C vorheizen. Ein Backblech mit Backpapier auslegen.

Aus dem Teig eine Rolle formen und in Scheiben schneiden. Zuerst zu Kugeln, dann zu Würstchen rollen und um den Zeigefinger zu Kipferln formen.
Im Weizenschrot wenden und auf das Blech setzen.

30 Minuten backen. Den Backofen ausschalten und die Kipferln 2 Stunden nachtrocknen lassen. In einer Papiertüte oder einem Leinensäckchen aufbewahren. Haltbarkeit: ca. 4 Wochen

Ginos Polenta-Plätzchen mit Leberwurst

ca. 40 Stück

150 g Maisgrieß
¼ l Wasser
150 g Maismehl
100 g Mais aus der Dose, abgetropft
100 g grobe Leberwurst
50 g Schweineschmalz
1 Ei

Das Wasser aufkochen lassen. Den Maisgrieß in das Wasser rühren und quellen lassen. Wenn der Grieß abgekühlt ist, mit den restlichen Zutaten vermengen.

Den Backofen auf 180 °C vorheizen. Ein Backblech mit Backpapier auslegen.

Den Teig auf einer bemehlten Arbeitsfläche ca. 2 cm dick ausrollen und mit einem Förmchen Kreise ausstechen. Auf das Blech setzen und 30 Minuten backen. Den Backofen ausschalten und die Plätzchen über Nacht im Ofen hart werden lassen. In einem Glas mit Schraubverschluss oder einer Keksdose aufbewahren. Haltbarkeit: ca. 2 Wochen

Knusperspeckrollen

ca. 25 Stück

150 g Weizenvollkornmehl
150 g Roggenvollkornmehl
75 g Weizenkörner
75 g Speckwürfel
1 EL Bierhefeflocken
3 EL Distelöl
¼ l ungesalzene Fleischbrühe
75 g Weizenschrot

Alle Zutaten bis auf den Weizenschrot gründlich zu einem Teig verkneten. Den Teig abgedeckt 30 Minuten ruhen lassen.

Den Backofen auf 180 °C vorheizen. Ein Backblech mit Backpapier auslegen.

Vom Teig mit einem großen Löffel Portionen abstechen und zu Rollen formen. Die Teigrollen im Weizenschrot wenden. Auf das Blech legen und 45 Minuten backen. Im ausgeschalteten Backofen trocknen lassen, bis sie ganz hart sind. In einer Papiertüte oder einem Leinensäckchen aufbewahren.
Haltbarkeit: ca. 3 Wochen

Billys knackiger Hundeknochen

ca. 6 Stück

1 Bund Brunnenkresse
400 g Weizenvollkornmehl
100 g grobe Haferflocken
50 g Weizenkeime
50 g geschälte Sonnenblumenkerne
50 g Schweineschmalz
¼ l ungesalzene Fleischbrühe

Die Brunnenkresse fein hacken. Mit den restlichen Zutaten zu einem Teig verkneten. Den Teig ca. 2 cm dick ausrollen und mit einem scharfen Messer 6 knochenförmige Stücke ausschneiden.

Den Backofen auf 180 °C vorheizen. Ein Backblech mit Backpapier auslegen.

Die Hundeknochen auf das Blech legen und 45 Minuten backen. Den Backofen ausschalten und das Hundebrot im Ofen über Nacht trocknen lassen.
In einer Papiertüte oder einem Leinensäckchen aufbewahren.
Haltbarkeit: ca. 2 Wochen

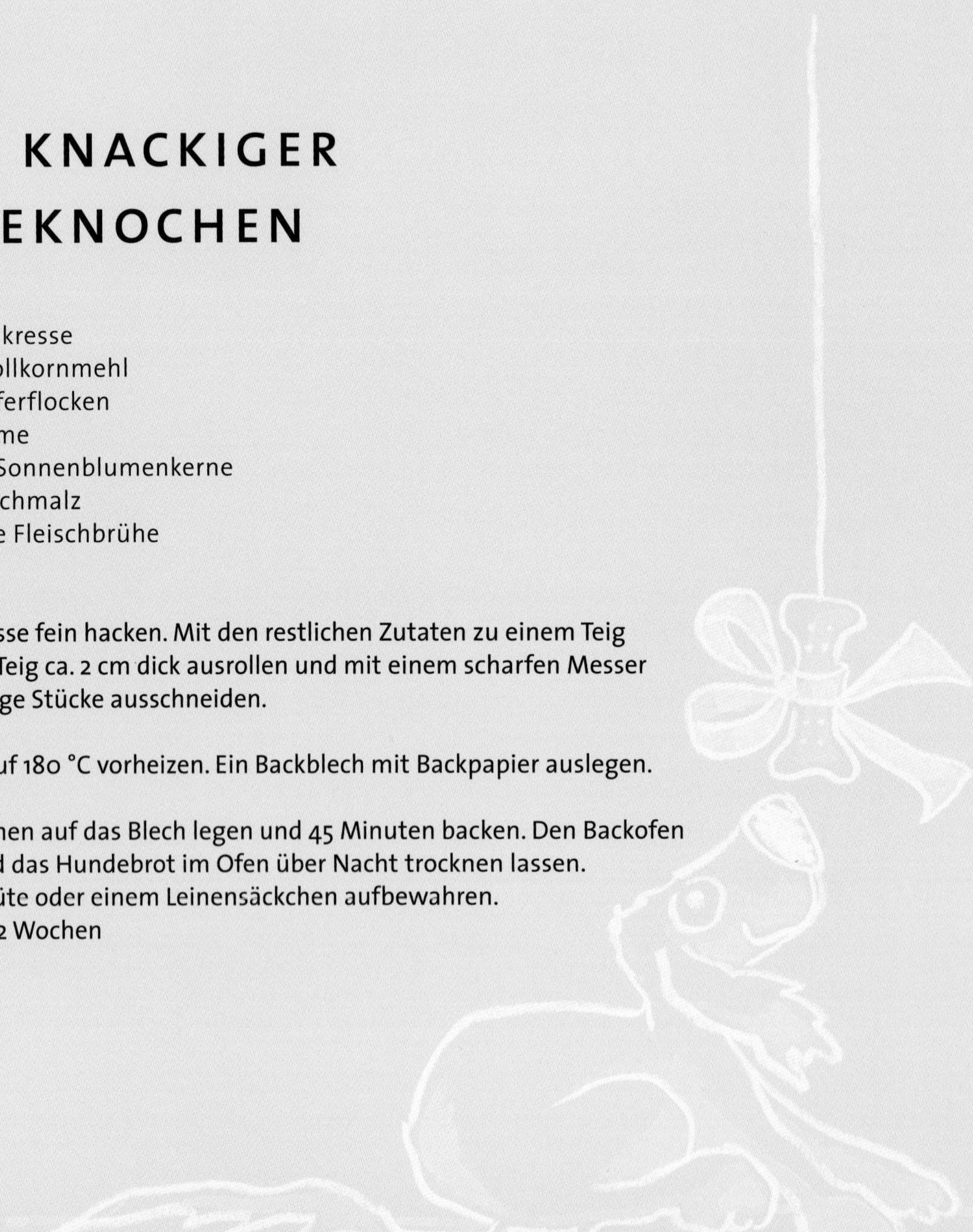

BILLY

Bellas Mandel-Cantuccini

ca. 40 Stück

200 g Maismehl
100 g gehackte Mandeln
1 Ei
1 EL Honig
1 EL natives Olivenöl extra
1 EL Rübenkraut
Wasser, nach Bedarf

Alle Zutaten zu einem festen Teig verkneten, eventuell noch etwas Wasser zufügen. Den Teig zu einer Rolle formen, in Frischhaltefolie wickeln und 1 Stunde im Kühlschrank ruhen lassen.

Den Backofen auf 180 °C vorheizen. Ein Backblech mit Backpapier auslegen.

Die Teigrolle in ca. 1 cm dicke Scheiben schneiden und diese auf das Blech legen. Im heißen Backofen ca. 30 Minuten backen. Danach im ausgeschalteten Ofen trocknen lassen. In einer Papiertüte oder einem Leinensäckchen aufbewahren. Haltbarkeit: ca. 4 Wochen

EXTRAS FÜR SCHLECKERMÄULER

Weihnachtsbratwurstkekse

ca. 30 Stück

250 g Roggenvollkornmehl
100 g Haferflocken
30 g Schweineschmalz
100 g Wurstbrät
200 ml Wasser

Alle Zutaten mit 200 ml Wasser zu einem festen Teig verkneten.
DenTeig zu einer Kugel formen, in Frischhaltefolie wickeln und 30 Minuten im Kühlschrank ruhen lassen.

Den Backofen auf 160 °C vorheizen. Ein Backblech mit Backpapier auslegen.

Den Teig auf einer bemehlten Arbeitsfläche ca. 1 cm dick ausrollen und mit Backförmchen Kekse ausstechen. Auf das Blech setzen und 40 Minuten backen. Im ausgeschalteten Backofen trocknen lassen. In einer Keksdose aufbewahren.
Haltbarkeit: ca. 2 Wochen

Gustls Geflügelknabbereien

ca. 30 Stück

400 g Hühner- oder Putenbrust

Das Fleisch mit einem scharfen Messer in dünne Streifen schneiden.
Den Backofen auf 150 °C vorheizen.

Ein Backblech mit Backpapier auslegen und die Fleischstreifen nebeneinander darauflegen. Im Backofen 30–40 Minuten garen.

Die Backofentemperatur auf 100 °C reduzieren und einen Kochlöffel zwischen Backofen und Backofentür klemmen, damit die Feuchtigkeit abziehen kann. Fleischstreifen weitere 2 Stunden im Backofen trocknen lassen. Das Backblech herausnehmen und die Fleischstreifen über Nacht bei Zimmertemperatur ganz trocknen lassen. Im Kühlschrank aufbewahren.
Haltbarkeit: ca. 4 Tage

MIMIS MÜSLI-MUFFINS

24 Stück

250 g Haferflocken
100 g Weizenvollkornmehl
125 g Weizenschrot
2 EL Haferkleie
3 TL Backpulver
3 EL Ahornsirup
1 Ei
2 Bananen
100 g Blaubeeren
100 ml Wasser

Außerdem:
2 Mini-Muffin-Formen mit jeweils 12 Vertiefungen

Alle Zutaten bis auf das Obst mit dem Wasser zu einem Teig verkneten. Die Bananen mit einer Gabel zerdrücken und unter den Teig mischen. Zuletzt die Blaubeeren untermengen.

Den Backofen auf 180 °C vorheizen.

Den Teig in die Vertiefungen der Mini-Muffin-Formen verteilen und 30 Minuten backen. Die Muffins auf ein Kuchengitter stürzen und erkalten lassen. In einer Keksdose aufbewahren. Haltbarkeit: ca. 4 Tage

Susis saftige Weihnachtskuchen

6 Stück

250 g Dörrobst
etwas lauwarmes Wasser
250 g Haselnusskerne
100 g Kokosflocken
2 EL Rübenkraut
2 Eier
125 g Weizenvollkornmehl
2 EL Semmelbrösel

Das Dörrobst 30 Minuten im Wasser quellen lassen. Dann in ein Sieb schütten, gut abtropfen lassen und grob hacken. Dörrobst mit den restlichen Zutaten zu einem Teig vermengen und 30 Minuten ruhen lassen.

Den Backofen auf 180 °C vorheizen.

Den Teig in 6 Portionen teilen, zu kleinen runden flachen Kuchen formen und auf ein Backblech legen. 40 Minuten backen, dann zum Abkühlen auf ein Kuchengitter stürzen. In einer Keksdose aufbewahren.
Haltbarkeit: ca. 2 Wochen

Tobbys Thunfischecken

ca. 40 Stück

1 Dose Thunfisch im eigenen Saft
4 EL natives Olivenöl extra
1 Ei
1 TL getrockneter Thymian
1 TL getrockneter Oregano
250 g Maismehl
150 g Haferflocken
50 g Mehl

Den Thunfisch in einem Sieb abtropfen lassen. Danach mit Öl und Ei im Mixer pürieren. Das Püree mit den übrigen Zutaten zu einem Teig verarbeiten.

Den Backofen auf 180 °C vorheizen. Ein Backblech mit Backpapier auslegen.

Den Teig ca. 1 cm dick ausrollen und in Dreiecke schneiden. Die Kekse auf das Blech setzen und 25 Minuten backen. Dann den Backofen ausschalten und die Kekse 1 Stunde im Ofen nachtrocknen lassen. In einer Keksdose aufbewahren.
Haltbarkeit: ca. 2 Wochen

Friedas feine Geburtstags-fischtarteletts

6 Stück

300 g Gerstengraupen
Wasser
200 g gekochtes Fischfilet
1 Ei
2 EL Speisestärke
2 EL fein gehackte gemischte Kräuter

Außerdem:
6 beschichtete Tartelettförmchen (ø 12 cm)

Die Graupen 35 Minuten in Wasser quellen lassen.
Dann in ein Sieb abgießen und gut abtropfen lassen.

Den Backofen auf 180 °C vorheizen.

Fischfilet mit einer Gabel fein zerpflücken, mit Graupen, Ei, Speisestärke und Kräutern vermengen. Den Teig in 6 Portionen teilen, in die Förmchen füllen und 40 Minuten backen. Dann den Backofen ausschalten und die Tarteletts im Ofen in der Form erkalten lassen. In einer Keksdose aufbewahren.
Haltbarkeit: ca. 3 Tage

Vegetarisch

Mit Fisch

Mit Fleisch oder Wurst

Bildnachweis
Corbis: 1 William Geddes/Beateworks, 6 Flint, 21 DLILLC, 22 Ursula Klawitter/zefa, 36 Ursula Klawitter/zefa, 46 BreBa/bilderlounge, 52 Grove Pashley/Brand X, 66 Ursula Klawitter/zefa